Inhalt

Planvolle Visionäre - Chinas Manager kreieren eine eigene Führungskultur

Kernthesen

Beitrag

Fallbeispiele

Weiterführende Literatur

Impressum

Planvolle Visionäre - Chinas Manager kreieren eine eigene Führungskultur

Robert Reuter

Kernthesen

- Prinzipiell war man bisher der Ansicht, dass hinter Chinas Erfolgen die Anwendung westlicher Managementmethoden steht.
- Immer mehr Chinakenner sehen dies anders. Ihrer Ansicht nach bildet sich dort gerade eine völlig neue Führungskultur heraus.
- Obwohl die Erforschung chinesischen Führungsverständnisses noch ganz am Anfang steht, kristallisieren sich bereits einige Kennzeichen heraus. Die Autoren

sehen Spiritualität, Gegenseitigkeit und Anpassungsfähigkeit als Grundeigenschaften chinesischer Führungskräfte.

Beitrag

Eine neue Führungskultur

Bei der Suche nach den Gründen für die grandiosen Wirtschaftserfolge Chinas richtet sich der Blick von Experten langsam auf die dortige Führungskultur. Ohne die gewohnte Sicht weiter zu hinterfragen, war man bisher der Ansicht, dass im Reich der Mitte die bekannten westlichen Managementmethoden kopiert werden. Genaueres Hinsehen fördert nun aber die Vermutung zu Tage, dass China, wie so viele andere Boomstaaten früherer Jahre, auch bei der Führung etwas ganz Neues entwickelt. Die Führungsforschung sieht derzeit mehrere Faktoren, die das Führungsverhalten in chinesischen Unternehmen von westlichen Vorbildern abgrenzen und so den eigenen, chinesischen Führungsstil ausmachen. Diese Charakteristika heißen Spiritualität, Gegenseitigkeit, Anpassungsfähigkeit und Flexibilität. Angemahnt wird, dass westliche Manager über diese Besonderheiten der chinesischen Führungskultur

Bescheid wissen müssen, wenn sie auf dem wichtigsten Emerging Market erfolgreich sein wollen. (1)

Vorbilder aus der Geschichte

Chinakenner bemängeln, dass westliche Manager in ihren chinesischen Kollegen oft nur Nachahmer der eigenen Erfolgsrezepte sehen. Eigenheiten und Besonderheiten chinesischen Führungsverhaltens würden missachtet, was für Missverständnisse sorge. Dass Chinas Führung etwa Eigenes kreiert, sehen die Autoren schon durch die Geschichte belegt. So hätten Newcomer auf der Bühne der Weltwirtschaft immer auch eine neue Managementphilosophie mitgebracht. In den USA war es zu Beginn des 20. Jahrhunderts insbesondere Henry Ford, der mit seiner effektiven Massenfertigung das Wirtschaftsdenken revolutionierte. Frederick Winslow Taylor, der Vater der Managementtheorie, parzellierte die Arbeitsprozesse, um sie effizienter zu machen. Rund 70 Jahre später war es Japan, das mit Kaizen, Just-in-time und Lean-Management neue Grundlagen für ein erfolgreiches Management schuf. (4), (7)

Bestens vertraut mit der

Globalisierung

Augenscheinlich vermögen es chinesische Manager besonders gut, sich in einer globalisierten Wirtschaft zu bewegen. Hierfür sprechen sowohl die Exporterfolge des Landes als auch das Talent der Chinesen, überall auf der Welt ihre Interessen zu sichern. Dies gilt für Rohstoffe genauso wie für strategische Ziele etwa in Europa, wo sich chinesische Unternehmen an Firmen beteiligen oder Übernahmen tätigen. Überdies geht China auch in politischer Hinsicht strategisch vor, etwa indem es sich durch günstige Kredite an europäische Pleitestaaten langfristig Einflussmöglichkeiten auf das Regierungshandeln sichert. Hinter diesen Erfolgen steht Experten zufolge eine Managergeneration, die den westlichen Führungsstil kritisch sieht und diesem eine eigene Kultur der Führung entgegenstellt. (1)

Visionäre mit Strategie

Während westliche Unternehmen augenscheinlich dazu neigen, im Gefühl des Triumphes zu lange am Erreichten festzuhalten - die Beispiele heißen Nokia, Blackberry oder AOL - haben chinesische Manager den Wandel als Dauerzustand besonders stark verinnerlicht. Zugleich gehört es zu den allgemeinen Überzeugungen, dass sich der Wandel steuern lässt, wenn man seine Richtung nur früh genug erkennt. Zu beobachten ist daher, dass Chinas Führende - sowohl in der Politik wie in der Wirtschaft - ihren westliche Kollegen bei der Ausarbeitung von Zukunftsstrategien voraus sind. Chinesische Führungskräfte sind Visionäre, was auch im vor wenigen Monaten vorgestellten Fünfjahresplan der Regierung zum Ausdruck kommt. Zu Zeiten des real existierenden Sozialismus in Europa galten solche Pläne als Ausprägungen eines wirtschaftlichen Irrwegs. China hingegen rollt die Weltwirtschaft seit 30 Jahren planvoll von hinten auf und hat sich durch seine Visionen mit ungeheurer Geschwindigkeit in vielen Bereichen an die Spitze gesetzt. So will das Land in wenigen Jahrzehnten führend bei der Entwicklung von Elektroautomobilen sein, während man sich in Europa und in den USA einen Abschied vom Ottomotor bis heute nicht richtig vorstellen kann. Ein anderes Beispiel bietet die große Politik. So fehlen in Deutschland und Europa derzeit unter anderem solche Visionäre, die die früher postulierten Vereinigten Staaten von Europa als Endziel der Entwicklung sehen und planvoll darauf hinarbeiten. Stattdessen wird - auch und gerade von der Bundeskanzlerin - ein vielfach bemängelter Pragmatismus betrieben, der sich in einer Politik nach Stimmungslage erschöpft und dabei gänzlich ohne Visionen auskommt. Eine starke strategische Ausrichtung und das Talent zur Erfolgsplanung könnten daher als wichtige Kennzeichen chinesischen Führungsverhaltens gelten. Einher geht dieses Talent mit einer Tugend, die sich schon in der Sozialethik von Konfuzius findet: "Ist man in kleinen Dingen nicht geduldig, bringt man die großen Vorhaben zum Scheitern." (1), (2)

Identifikation mit dem Heimatland

Chinaexperten berichten überdies, dass sich dortige Manager besonders stark mit ihrem Heimatland identifizieren. Ihr Handeln erhält damit eine Dimension, die über die Sicherung des Unternehmenserfolges hinausgeht. Stattdessen besteht der Wunsch, durch ihr Tun das Heimatland zu stärken, was jede Unternehmensentscheidung zu einem patriotischen Akt werden lässt. Dem Egoismus westlicher Manager - bestens abzulesen an der schamlosen Selbstbedienungsmentalität von Pleitebankern - setzt das chinesische Führungspersonal damit eine Philosophie entgegen, die das Wohl der Gemeinschaft nicht aus den Augen verliert. Auch die starke Verwurzelung mit dem Heimatland und die Orientierung am Kollektiv sind am aktuellen Fünfjahresplan abzulesen, der es als eines der Hauptziele formuliert hat, die arme Bevölkerung am neuen Reichtum der

Sonderwirtschaftszonen zu beteiligen. Einschränkungen erfahren diese Beobachtungen freilich durch die insbesondere in den Provinzen verbreitete Beamtenkorruption. (1), (2)

Bestandener Praxistest

Als erster Härtefall, der die Vorzüge chinesischer Führungskultur zum Vorschein brachte, gilt die Wirtschafts- und Finanzkrise 2008/2009. Sie ist am Reich der Mitte weitgehend vorbeigegangen, wobei es durchaus Gründe gibt, dies am Managerverhalten festzumachen. Zweifellos war es die Gier von Banken und Anlegern, die die Krise hervorgerufen hat - und die es in China so nicht gab. Das chinesische Bankensystem liegt stattdessen noch immer fest an der Kandare der Zentralregierung, die den Banken strenge Vorgaben macht. Unbeantwortet bleibt damit allerdings die Frage, wohin Chinas Bankensektor treiben würde, wenn er genauso frei agieren könnte wie die Institute im Westen. (1), ((2)

Trends

Westliche Unternehmen verlieren

an Attraktivität

In der Vergangenheit hatten in China vertretene westliche Unternehmen keine Probleme, hoch qualifizierte Hochschulabgänger zu rekrutieren. Die Firmen aus Europa und den USA standen für Erfolg, Karriereaussichten und westlichen Lebensstil. Seit der Wirtschafts- und Finanzkrise hat die Attraktivität chinesischer Unternehmen für die Absolventen jedoch deutlich zugenommen. Überdies sind viele einheimische Firmen in den letzten Jahren selbst zu erfolgreichen Global Playern geworden. Der Nachwuchs zieht darum heute immer öfter den Arbeitsplatz in einem chinesischen Unternehmen dem Eintritt in eine ausländische Firma vor. (3)

Fallbeispiele

Schwieriger Umgang mit chinesischen Führungskräften

Chinakenner raten westlichen Managern, sich beim Umgang mit ihren chinesischen Kollegen an einige Grundregeln zu halten. So sei es wichtig, die Verhandlungspartner gleich zu Anfang zu einem sehr persönlichen Essen einzuladen. Dabei sollte aber noch nicht über das Geschäft gesprochen werden. Für gute Stimmung sorgt es stattdessen, Interesse an der Familie des Geschäftspartners und an der chinesischen Kultur zu zeigen. Verhandlungssicheres Englisch ist Voraussetzung. (8)

Chinesische Frauen in Führungspositionen

Laut Umfragen des Verbands chinesischer Unternehmerinnen hat sich der Anteil der Frauen am chinesischen Führungspersonal während der letzten Jahre von knapp 20 auf nun 25 Prozent erhöht. Dennoch haben es chinesische Frauen prinzipiell genauso schwer wie ihre westlichen Kolleginnen, in höhere Etagen aufzusteigen. Als Ursache hierfür gelten die traditionelle chinesische Kultur und die Männerzentriertheit des Konfuzianismus. (5)

Technologische Aufholjagd

Nach Plänen der chinesischen Regierung sollen die Staatsausgaben für Forschung und Entwicklung bis 2020 von derzeit 1,7 Prozent (= 103 Milliarden Dollar) auf 2,5 Prozent des Bruttoinlandprodukts steigen. Zudem hat die chinesische Regierung schon seit 2006 eine Reihe neuer Vorschriften erlassen, die alle zum

Ziel haben, Technologie von ausländischen Konzernen in die Hand zu bekommen. Die Gesetze betreffen insbesondere High-Tech-Branchen wie den Luftverkehr, die Stromerzeugung, Hochgeschwindigkeitszüge, Informationstechnologie und neuerdings auch Elektroautos. Ausländische Anbieter sind damit gezwungen, große Anteile ihres Know-hows den Chinesen zur weiteren Nutzung zu überlassen. Zudem müssen lokale Unternehmen an der Produktion neuer Anlagen und an der technischen Ausstattung stark beteiligt werden. (6)

Weiterführende Literatur

(1) "China's Management Revolution": Ein neues Managementmodell wird die Wirtschaft in China und darüber hinaus verändern
aus news aktuell, 2010-12-06

(2) Von Chinesen lernen
aus news aktuell, 2010-12-06

(3) Der Kampf um Talente in China
aus news aktuell, 2010-12-06

(4) Entdeckung der Langsamkeit
aus HandelsZeitung vom 26.05.2011, S. 20

(5) In China gehört (fast) der halbe Himmel den Frauen

aus Neue Zürcher Zeitung 13.10.2010, Nr. 238, S. 30

(6) China gegen den Rest der Welt
aus Neue Zürcher Zeitung 13.10.2010, Nr. 238, S. 30

(7) Zehn Gründe, warum China anders ist
aus Finanz und Wirtschaft vom 29.06.2011, Seite 21

(8) Wie Mittelständler sich auf Produktion und Vertrieb in China vorbereiten Eldorado mit Stolperfallen
aus Industrieanzeiger, Heft 9, 2011, S. 14

Impressum

Planvolle Visionäre - Chinas Manager kreieren eine eigene Führungskultur

Bibliografische Information der deutschen Nationalbibliothek

Die Deutsche Nationalbibliothek verzeichnet diese Publikation in der deutschen Nationalbibliografie; detaillierte bibliografische Daten sind im Internet über http://dnb.d-nb.de abrufbar.

ISBN: 978-3-7379-0247-2

© 2015 GBI-Genios Deutsche Wirtschaftsdatenbank GmbH, Freischützstraße 96, 81927 München, www.genios.de

Alle Rechte vorbehalten. Dieses Werk ist einschließlich aller seiner Teile – z.B. Texte, Tabellen und Grafiken - urheberrechtlich geschützt. Jede Verwertung außerhalb der Grenzen des Urheberrechtsgesetzes bedarf der vorherigen Zustimmung des Verlags. Dies gilt insbesondere auch für auszugsweise Nachdrucke, fotomechanische

Vervielfältigungen (Fotokopie/Mikroskopie), Übersetzungen, Auswertungen durch Datenbanken oder ähnliche Einrichtungen und die Einspeicherung und Verarbeitung in elektronischen Systemen.